Bibliografische Information der Deutschen Nationalbibliothek: Die
Deutsche Nationalbibliothek verzeichnet diese Publikation in der Deutschen
Nationalbibliografie; detaillierte bibliografische Daten sind im Internet über
dnb.dnb.de abrufbar.

© 2025 Joe Schmeing
Verlag: BoD · Books on Demand GmbH,
In de Tarpen 42, 22848
Norderstedt, bod@bod.de

Druck: Libri Plureos GmbH, Friedensallee 273,
22763 Hamburg

ISBN: **978-3-7693-5098-2**

69

Gedichte und Gereimtes

von
Joe Schmeing

Vorwort

Eigentlich hätten es ja 100 Gedichte werden sollen.

Ich musste aber im Laufe der zwei vergangenen Jahre fest-
stellen, dass dies von der schieren Anzahl her überhaupt nicht zu
bewerkstelligen ist.

Und so hab ich denn bei Gedicht 69 aufgehört zu schreiben.

Da fragt sich natürlich der geneigte Leser: Warum bei 69?
Die Antwort des feinsinnigen Poeten kann da nur lauten:
Weil's 'ne gute Nummer ist!

Abgesegnet und durchgewunken
Emsland, im Januar '25

Abendgebet eines Egoisten

Ich sehe in den Himmel,
schaue in die Nacht,
das ganze Firmament,
dass ist für mich gemacht.

Wie alles für mich lächelt,
alles für mich schwebt,
wie alles für mich leuchtet
und alles für mich lebt.

Ich muss es nur begreifen,
ich muss es nur verstehn,
ich muss es nur ergreifen;
die ganze Schönheit sehn.

Lasst mich euch begleiten,
lasst mich mit euch geh´n,
ihr müsst für mich scheinen,
einfach nur am Himmel steh´n.

Das riesig große Firmament
beschützt mich sicherlich.
Meine Sterne, meine Sonnen,
sie erstrahlen nur für mich.

Abriss

Anna begeht das alte Backsteingemäuer.
Die Küchentapete, wie güldene Fäden,
in die sich Kohl, Fisch, Fleisch und Fett
webten, wie Geruch in Gemischtwarenläden.
Grüße vom Lebenswohl, Salz- und Pfefferstreuer.

Das große Zimmer, in das man Bäume schleppte,
Namen der Sonnenfeste umdeklarierte
- Bier und Wein in Strömen floss -
das mit Kindern, lachend-rennend, zelebrierte,
so laut, dass Jahre nicht das Echo verebbte.

Der verstaubte Raum mit Regalen von Eichen,
ehedem so voll mit Büchern und Wissen.
Der kalte Geruch des alten Kamins
lässt jetzt noch Verständnis und Wärme vermissen.
Sie ist froh, denn auch all das muss heute weichen.

Der Raum, in dem zwei monströse Rechner standen;
fast lautloser Nachhall der Ventilatoren,
er schwirrt noch immer durch die Luft,
systemerhaltend, ja gedankenverloren;
entsorgt - da sie niemand Interessiertes fanden.

Die kühle Kammer. Niemals bereit für Wärme,
noch immer wälzt sich eine Daune am Boden …
Es riecht nach nichts, es schmeckt nach nichts,
nicht umrissen oder gezeichnet von Moden;
nur zur Vermehrung - Unnahbarkeit, Ferne.

Schräg davon ihr Zimmer, Träume, Jugendzeichen!
Ein Ort, wo viel von trauter Liebe handelte,
der sich auf geradezu absurde Art,
in eine Kammer für die Gäste wandelte.
Che Guevara musste Blümchenmustern weichen.

Daneben das kalte Bad mit frostigen Zapfen;
man konnte sie von der Decke fast fühlen.
Anna sieht, spürt, riecht, erinnert.
Zu ihrem Erstaunen kein inneres Wühlen.
Ungerührt hört sie sich durch die Nässe stapfen.

Die Treppe! Gebaut für alle Ewigkeiten,
stets parat, kann gern zu alledem was sagen.
Bedingung: Man muss sie begehn!
Vier Generationen hat sie schon ertragen.
Muss sich heute unter Stöhnen zum Abriss bereiten.

Im schmalen Hausgang findet der Flur sein Ende -
dort der unvermeidliche Hase von Dürer.
Der hing dort jedoch nur aus Scham,
deckte Schattenrisse eines Fotos vom Führer.
Die Garderobe, unwirsch, an einer der Wände.

Dieser dunkle Gang! Ließ jeden Fremden spüren:
Du bist nicht erwünscht, bist nicht an der Reihe!
Geh bitte weiter! Komm nicht rein!
Ist deshalb für Anna der besondere Weg ins Freie!
Sie schließt - für immer - beim Gehen alle Türen.

Ach ja, Liebe

Nur wer eifersüchtig ist, liebt wirklich,
wie man in Spanien wortwörtlich spricht
nichts ist von Wahrheit weiter entfernt,
es stimmt in Gänze und vollem Umfang nicht.

Sie vögelt mit nem anderen ...
du legst als erstes Rammstein auf,
schredderst dein Zimmer, besäufst dich.
Danach kommt nahtlos Abba drauf.

Treibst, wie auf schmierigem Film
aus Wodka und Eierlikör,
- the winner takes it all -
jede Art von Vernunft vor dir her.

Nie geht es um Liebe!
Es geht um Besitzansprüche!
Und um einen vollen Shaker
aus teuflischer Hormonenküche.

Du fühlst etwas in dem Gedärme?
Jeglicher Sex ist vom Grunde her kalt,
schafft keinerlei Herzenswärme,
dient einzig-alleine dem Arterhalt.

Wenn Du es anders siehst und fühlst,
ist´s ein diabolischer Trick der Natur.
Chemischer Cocktail vergiftet dich.
Hormonelles Chaos, Biologie pur.

Und das passiert, weil´s passiert,
weil die Natur die Liebe nicht kennt.
Die eine vögelt mit jenem,
ein anderer mit einer anderen pennt.

Betäubt glauben alle es wäre,
alles zum Besten geregelt,
zeitgleich ihr euch die Seelen,
aus allen Leibern vögelt.

So kommt auch in schieren Massen
gelaubsägte Liebe aus Hollywood;
erzählt, manipuliert, tagein, tagaus:
Gewalttätiger Gefühle-Despot.

Seht und erkennt den Unterschied
ihr Lieben! Haltet dann aus dem Haus,
sobald ihr den ganzen Betrug entlarvt,
euren nackten Arsch zum Fenster hinaus.

Ahnenende

Lisbeth ist an die neunzig Jahr,
seit langem nur Oma genannt,
Erste Meile, Twielenfleth,
hinterm Deich, im Alten Land.

Wurd hier geboren, wuchs auf,
hat viel gesehn, gelebt, gehört.
Ein hartes Leben - Sorgenzeit -
nur hier! Ihr Dorf ist ihre Welt.

War nie weit weg; nur eine Tour:
Früh morgens los, bis abends acht -
ging Neunzehnvierundsechzig
von Twielenfleth bis nach Gesthacht.

Menschen hat sie kennengelernt,
zugehört, Erkenntnis geschöpft,
Schlüsse gezogen, nachgedacht,
geistig-seelisch Knoten geknöpft.

Ihre Kenntnis vom Leben reicht
daher rund um unsere Welt.
Der Globus, der Planet – sie weiß
was alles hier am Laufen hält.

Oft schon stand sie an der Elbe
überblickte den breiten Fluss ...
Große Kunde, kleine Kunde,
sie zog ihren eigenen Schluss.

Kutter, Tanker, Behördenschiff,
Container mit Transportgutstück,
wenn große Pötte fahren, zieht
zuerst das Wasser sich zurück.

Vorboten und Reiter der Zeit:
Zeichen über der Wasserfront
- geradezu apokalyptisch -
bevor die Riesenwelle kommt.

Sie sitzt auf der Bank, stützt ihr Gesicht,
die Hände haltend, wie zum Gebet,
Lisbeth spürt die feinste Schwingung,
bemerkt: Der ganze Erdkreis, er bebt.

Auch weiß sie, dass ihr Gewicht
nichts ändert an den Läufen der Zeit:
Ungewiss wird's, besser wird's nicht.
Wie immer ... hält sie sich bereit!

Allein

Zabine steht am Rand
des Hafenbeckens -

Teer, Diesel, erdige Düfte;
nicht weit von den Kränen;
die Köhlbrand tangiert die Lüfte.

verloren in der Zeit
des großen Schreckens -

Schnee gemischt mit Regen, Grauen;
unerreichbare Nähe,
nirgends Halt und kein Vertrauen.

Klick auf den Streamingdienst
- Moment des Checkens -

Randomplaying, Dienst der Toren,
schießt über die Kabel,
durch die inears, in die Ohren.

dann schreit Räuber so laut
sein Ja des Streckens -

ewig, lang - fünfzehn Sekunden.
Das ist Zabine´s Song!
- für viele wärmende Stunden.

leis lässt sie es geschehn;
Zeit des Verreckens.

will den Refrain in sich saugen:
„Allein, allein, wir sind allein!"
riecht den Hafen, schließt die Augen.

„Allein, allein, wir sind allein!"

Am Meer

Suse kennt das Städtische,
denn Sie kommt aus Herne;
sitzt, so oft es geht, am Meer.
Immer wieder gerne.

Hier verstellt nichts ihre Sicht.
Nicht-Wollen, Meditieren.
Alles transzendent und licht,
nichts kann den Geist blockieren.

An der See ist alles klar!
Sie kann das Nichts erkennen
- Horizont zu Horizont -
kann´s denken und benennen.

Da weiß Sie dann, was wovon kommt,
fühlt, dorthin wird Sie gehen,
Aufgang und auch Untergang,
Entstehen wie Vergehen.

Hier ist es ruhig - die ganze Welt
von Friedlichkeit durchdrungen,
es ist Liebe, die Sie hält,
von Nicht-Gewalt umschlungen.

Doch auch hier ist´s manchmal anders,
nicht, dass man es vergesse:
Ab und an kommt auch Orkan
und dann gibt´s was auf die Fresse!

An die Jugend

Alles das, was vor Dir war,
ist das Gegenteil von frei,
egal wie freundlich liberal
Der, Die, Das auch sei.

Also gehe diesen
auf die Nerven, auf die Nieren.
Denn du musst dich unbedingt
davon emanzipieren.

Alle! Der, Die, Das - was älter -
klebt an deinem Alter,
heulen ihrer Jugend nach.
Lebensrestverwalter.

Weil denen nicht bis heute
Erwachsenensein gelungen,
machen sie in Ängstlichkeit
und Versicherungen.

Quatschen nur von Jugend,
immer breit und groß,
meinen doch die Deine,
komm´n davon nicht los.

Gesellschaftliche Normen
sind so oft verkehrt.
Breche willentlich Tabus!
Auch die, die strafbewehrt.

Habe Mut zum Anderssein
sei nicht so wie sie.
Wähle freies Vögeln!
Wähle Polygynandrie!

Kannst aber auch als Lebensziel,
Du hast nichts zu verlieren!,
lebenslange Keuschheit,
lauthals postulieren.

Nenn dich Einstein, nenn dich Tesla,
nenne dich Idiot!
Lebe deinen Insta-Traum,
leb und sterb wie Herman Brood.

Scheißegal, wie rum
Du dich auch immer quälst,
die Hauptsache wird sein,
dass Du dich selber lebst.

Sei Du selber! Leb Dich jetzt!
Denn nur das ist Wahres!
Sei Du ein für alle Mal:
Der Primus inter Pares.

Anna und Marko

Sie wohnte in der Nachbarschaft,
hat sich ihm boshaft anvertraut,
dadurch extrem schwer irritiert
und naivem Seins beraubt.

Dass sie total auf Haue stand,
musste sie unbedingt gestehn,
im Kino - sitzend, neben ihm,
am Nachmittag, Punkt sechzehnzehn:

"Ich werd vorm Ficken nur dann feucht,
wenn man mich hart verdrischt,
voll gegen irgendetwas smashed,
danach erniedrigend aufwischt."

Willenlos, devot, entgrenzt,
egal ob Männchen oder Weib;
das interessierte sie auch nicht -
das war ihr gleich! - Hauptsache Leib.

Wärme hat sie wohl gesucht,
denn ihr Leben das war kalt ...
irgendwas Beschützendes;
in ihrer Welt gab´s keinen Halt.

Diese schwer irritierenden
Geständnisse - auf Dauer fad,
langsam der Verdacht es wäre
ein Ego-Vorspiel andrer Art.

Es war wie stetes Pornoglotzen,
wurd jedoch auf Dauer öd.
Immer gleiche Schwänze, Fotzen.
Ihm war es irgendwann zu blöd.

Sein Interesse ging verloren,
wie man Geld verlieren kann;
er grüßt sie auf der Straße,
wenn sie sich sehen, dann und wann.

Antivirenprogramm

Piet ist gerne Draußen, außerhalb der Stadt
und lebt - wie man so sagt - autark,
verbringt den Tag schon mal im Wald,
ist und isst gesund, fühlt sich fit und stark.

Hat nur im Job zum Internet Verbindung;
schärfster Kritiker der digitalen Welt.
Es wurde registriert, dass er im Internet
sehr oft die richtig-falschen Fragen stellt.

Die Denktransformation hat er verweigert
in schemahafte Digitalgedanken.
Er schreibt über Freiheit, freies Denken,
die Buntheit der Ideen, alles ohne Schranken.

Weltweit Kontrolle wurde übernommen
über Lebensmittel, Luftfahrt - durch KI -
Krieg, Logistik, Krankenhäuser,
auch die Altenpflege regelt sie.

Piet führte einen aussichtslosen Krieg:
Algorithmen beherrschen die reale Welt
- biblisch-apokalyptische Reiter -
gegen die er kämpft, sich entgegenstellt.

Alleine dreimal musste die KI dies Jahr
Piets Kritiken im Netz regulieren,
Erkenntnisverbreitung verhindern;
ohne sein Wissen Text korrigieren.

Heut morgen hat sich die Liebe
zur Natur gerächt, er brach sich ein Bein;
mit links war er aufgestanden. Sein Name
systemisch erfasst: Einlieferungsschein.

Jetzt liegt er, tief in Narkose, auf einem Tisch.
Der Assistenzroboter hat´s umdeklariert:
Ein tödliches Mittel im Tropf! Für die KI
wird nur ein Antivirenprogramm durchgeführt.

Anton

Mein Gott!
Wie oft haben wir bei Anton die Welt gerettet,
alles und jeden gerade gerückt,
nach dem vierzehnten Bier,
dem achten Glas Wein
mit unserer Weisheit die Welt beglückt.

Da war ein Schreiner aus Grenoble, Jean -
oder George, der kam aus Surinam,
der eine schwang im Frankenreich den Hobel,
der andre besaß eine Disco vor Ort,
wohnte allerdings gleich nebenan.

Auch Johnny aus dem Schottenland
gab sich hier ein Stelldichein,
wie immer er auch hierher fand ...
willkommen war'n sie alle;
die einen grob, die anderen fein.

Reiche Menschen, oft goldstaubgepudert,
Metzger, Maurer, Tresenkommunisten,
mit Lametta behangene Schützenfestfreaks,
ärmste Schweine, Hungerleider,
Richter, Lehrer und auch Polizisten.

Sie tippelten, trampelten und gingen
beim Reinspazieren noch gradaus,
sicher war, dass sie viel tranken,
feierten und diskutierten. Letztendlich
verließen alle wankend das Haus.

Auf den Deckeln der Habenichtse
machte Anton so manches Mal keinen Strich
Was er allerdings über die die's hatten,
durch kreatives Finance-Engeneering
beim Abrechnen letztendlich beglich.

Zwei Bewohner aus dem Arachnidenreich
lebten achtbeinig in der Barbeleuchtung,

von wo sie sich hoch und runterseilten
- Benito und Adolf getauft -
glücklich in bierseliger Befeuchtung.

Wie eine Feldmaus gehörten auch sie
lebendig dazu und mussten nie darben.
Niemand störte sich an den Dreien und
Ihnen wurde gemessenes Gedenken zuteil,
als sie an Altersschwäche verstarben.

Jetzt ist leider auch Anton tot.
Dummerweise nach einer OP verstorben;
geschlossen ist das gastliche Haus.
Damit hat er ganz sicher etlichen
großen Trinkern die Laune verdorben.

Und so, wie sich die Welt heute gebärdet:
Böser Schlachthof sondergleichen! -
soweit wär´s nach Anton nie gekommen,
weltweit ständen nur Bäume des Friedens:
Buchen, Linden und Eichen.

Autofahrt der Träume

Es gab mal eine Menschin,
mit der ich gerne stur,
von Holsteins hohem Norden,
erst A7, dann A1,
lange Richtung Süden fuhr.

Ein Musikkassetten-Mix,
von radikalem Rang
zündete ein Feuerwerk,
das langsam, aber sicher,
in Verrücktheit übersprang.

Wir lachten, fantasierten
eine gänzlich neue Welt,
Musik entfaltet Wirkung,
eröffnet neue Räume,
allesamt von Glück erhellt.

Lass uns einfach weiterfahren,
immer, ewig, geradeaus,
zum Ende aller Wege;
die Orte, wo wir halten,
sind uns dann ein Zuhaus.

Wir trudelten durch Räume
- leuchtend Firmament -
stetig nur den Sternen nach,
durchdrungen von Gefühlen,
alles eins und nichts getrennt.

Erfüllung aller Träume -
zwei Giganten dieser Welt!
Doch zum Schluss, da bogen wir
stumpf von der B70 ab,
traumlos, Meppen-Esterfeld.

Das Letzte

Halten wollen wir Momente
und keine Ewigkeiten,
denn alles was wir haben,
ist ein Wimpernschlag des Augenblicks.

Woran wir uns erinnern,
am Ende unsere Zeiten,
sind Dinge, die wie Funken strahlen,
winzige Momente eigenen Glücks.

Berliner Couplet
============

So biste!

Inner Linken´ne Schrippe
und rechts ´ne Bulette.
Du bist so hippe,
Du bist so fette!

Wat jeht, weißt Du imma
auch wenn´s wehtut.
Manchmal kommt´s schlimma.
Meistens jeht´s jut.

Du schäkerst mit jedem,
doch in deine Kiste,
läßt Du nich jeden.
Berlin! So biste!
So biste! So biste!
Berlin! So biste!

´Ne Molle jeht imma,
schön übern Durst
und nach´m Frühstück
auch ´ne Currywurst!

Weißt manchmal nich jezze,
wat de morjen so machst,
abba imma in Hetze
bei Mittag und nachts!

Du schäkerst mit jedem,
doch in deine Kiste,
läßt Du nich jeden.
Berlin! So biste!
So biste! So biste!
Berlin! So biste!

Wolltest nie Metropole
oder noch jrösser sein!

Dat lässt Du den andern,
den billijen Schein.

Bist jenau so verbaut,
wie dein Personal,
doch deine Jröße iss:
Dat iss dir ejal!

Du schäkerst mit jedem,
doch in deine Kiste,
läßt Du nich jeden.
Berlin! So biste!
So biste! So biste!
Berlin! So biste!
So biste! So biste!
Berlin! So biste!

Bestimmung

Landübergreifend werde ich
von den Grenzen Eislands kommen,
mit Riesenschritten durch das Land
der zwei Meere. In einem Strich
dorthin, wohin ich muss: Zum Rand
der Nebel, dann zu den Sonnen.

Jener Heimat von Sumpf und Moor,
so wie der Sommersonnenwenden;
dorthin, wo Hecht und Morgentau
Wache stehen vorm Zeitentor -
Eisvögel, strahlend, kobaltblau,
ihre Lebenszyklen vollenden.

Der Sinn - er ist weithin bekannt -
hier die Nebel zu verwandeln;
wie meine Ahnen schon vor mir,
im hohen, kalten, nordisch Land.
Die Vorsehung führt uns nach hier,
um alles Lose zu verbandeln.

Reine Energieumwandlung -
schicken diese durch die Weiten -
erzeugen dabei Donner, Blitz.
Zeit der körperlichen Wandlung.
Urdinge - Zeit des Übertritts.
Menschenlos, Unendlichkeiten.

Wir machen aus Myriaden Eins,
dass die Schwerkräfte verschwinden;
werden Gesetzen uns entziehn.
sind stets und immer mehr als keins,
um festen Stoffen zu entfliehn,
mit dem Nichts uns zu verbinden.

Die Bestimmung ist Transformation!
Hin zu geistig neuen Räumen.
Der letzte Akt, der löst uns auf:
- Beinahe Lichtgestalten schon -
Als Geister steigen wir hinauf,
welche mit Erkenntnis träumen.

Betäube Dich!

Betäube dich! Betäube dich!
... ist alles, was ich weiß.
Betäube dich! Betäube dich!
Ertrage so den Scheiß!

Kauf! Kauf! Kauf!
Saufe! Sammel! Friss!
Damit Du nicht zur Ruhe kommst,
bis zum letzten Schiss.

Höre auf zu denken,
ordentlich und still.
Tue bitte nichts,
was das System nicht will.

Nach der wilden Party
alle stylisch, alles chic.
Im Morgengrauen, sinnlos,
der besoffene Restefick.

Das Supergeile ist, dass man
dich so hübsch entwurzeln kann.
Prima Sache in der Welt,
in der nur noch das Ego zählt.

Wichtig ist, dass Du dich gibst,
mit Haut und Haaren hin.
Losgelöst von allen Banden.
Adrenalin, Adrenalin!

Verbleib im Rausch der Dinge,
Du lustig-kleiner, bunter Ball.
Nach der Lebenslüge kommt
immer Hochmut vor dem Fall.

Merk dir ein für alle Mal
und vergiss es bitte nicht:
Alles darf passieren!
Nur die Ruhe nicht ...!

Bilanzierung

Ole ist Finanzbuchhalter,
nun im siebenten Jahrzehnt,
Zahlen waren immer Thema
in seinem Leben,
er wusste was da geht.

Zeit einmal Bilanz zu ziehen,
Momente, besonders die mit Glück,
- Gewinne und Verlust berechnen -
einander gegenüberstellen,
zu listen Stück für Stück.

Er versuchte aufzuführen,
durchzählte die Erinnerung,
siebzig Jahr Ereignisse,
quantifiziertes Leben,
jeden kleinen Freudensprung.

Nur die schönen Momente,
er fühlte sich beinah wie ein König,
merkte aber ziemlich schnell:
Zum Rest seines Lebens war das
trostlos, grauenhaft wenig.

Um auf mehr Gefühle zu kommen,
nahm er noch die Trauer hinzu,
nah gehende Todesfälle,
Abschied und Tränen,
für all Die in ewiger Ruh.

Nach dieser Berechnung blieb
mal grad ein viertel Prozent so weit,
davon nur die Hälfte Glück;
der Rest war vor allen Dingen:
Nichts als verrinnende Zeit!!!

"Dr. Murkes gesammeltes Schweigen"
von Böll, er musste dran denken;

Tonbänder mit absolut keinem Ton,
wie eine Essenz von Nichts - er musste
seine Erwartungen wohl senken.

Denn die Wahrheit der Zahlen
machte ihm sehr schmerzhaft klar,
dass er einer unglaublichen Täuschung
und riesigen Verarsche stumpf
- ja verblendet - aufgesessen war.

Einem boshaften Hinterhalt:
Man ist fast ständig "nur da"!
Der geniale Trick der Natur:
Sie hatte viel Leben vorgetäuscht,
obwohl stets fast nie was geschah.

Triffst du Buddha unterwegs,
so erschlage ihn! (Lin Chi)

Das Lineal, der Zirkel, das Nichts

Kiyoshi Yata, Hoy-Se genannt,
der sich im großen Satori befand,
unterrichtete Schüler im Sein,
Leben, Denken und Nichts,
der Wirklichkeit der Leere,
der Aufgabe des Selbst und des Ichs.

Die größte Reise beginnt immer mit,
unumstößlich, dem ersten Schritt.
Und dieser Schritt in diese Welt
ist das Erkennen der Realität -
ein Stein ist ein Stein ist ein Stein,
dem Wissen was ist - und wie was geht.

Das Einfachste ist niemals banal,
nein!, es ist absolut fundamental.
Mit dem Zirkel zeichnest du einen Kreis.
Willst Du Striche, nimm´s Lineal
Welche Formen sie immer auch hat:
Die Realität bleibt Realität und real.

Willst Du jedoch zum Nichtwissen hin,
dann lass alles wirklich Reale ziehn.
Striche, Kreise, Zirkel, dein Selbst
ganz besonders dein ewiges Ich,
vernichte sie auf deinem Pfad
zur Erkenntnis, zum fühlenden Licht.

Schon der Gedanke an den Gedanken
verweist dich in deine Schranken,
zerstört den entgrenzten Zustand der Leere,
bist dann nicht mehr mit Allem eins,
nur noch alleine mit deinem Ich
in der Realität eigenen Seins.

Der Spatz

Heute morgen kam ziemlich frech, uneingeladen,
ein Spatz durchs Fenster, reingeflogen vom Garten.

Meine Gedanken waren sofort: Du blöder Vogel, du!
Flatterst hier rum und kackst mir meine Möbel gleich zu.

Lautes Gezwitscher zerrte an meinem feinen Gehör,
Aufregung früh am Morgen, das nervt mich doch sehr!

Ich versuchte den kleinen Piepmatz mit lauten Geräuschen
und Rufen aus Zimmer und Haus zu verscheuchen.

Aber er piepte weiter, lustig, fröhlich und sprang
vom Tisch zum Stuhl, zum Schrank und immer mit Gesang.

Der Vögelchen hatte große Geduld und absolut keine Eile,
hüpfte, flog und pfoff durch die Bude noch eine recht lange Weile.

Mit einem Mal sah ich mich als Glückspilz, stoppte das Fluchen,
denn wenn mich morgens die Spatzen schon kommen besuchen,

hat das vielleicht auch was zu sagen. Also: Hör an sein Lied!
Erkenne das Glück! Freue dich! Schon allein, weil es ihn gibt.

Ende vom Lied

Wir sind nur sich selbst
bewusst-seiende Materie.
Die, obwohl die Endlichkeit erkannt,
sich reproduziert in Serie.

Irgendetwas treibt uns an
in Beruf, Gesellschaft, Sport
stets größer, besser, reicher sein -
egal an welchem Ort.

Hauptsache viel und riesig;
Beweise, kapitalbasiert,
durch die Selbstversklavung
vom System herbeigeführt.

Derdie Beste in der Schule
Berühmt, beliebt und reich?
So richtig was geschafft im Leben?
Befriedigt das Hormonenreich.

Das einzige was wirklich hilft
diesem Schwachsinn zu entrinnen,
ist ein Blick ganz weit zurück
dorthin, wo wir gar nichts finden:

Was immer wir auch machen,
so verbissen wie versessen,
man sollte stets im Kopf behalten:
Die Welt wird uns vergessen.

Dorf, friesisch

Eine Kirmes, so winzig,
vielleicht acht Buden an der Hand,
lässt einen glauben,
man befände sich verwundert,
in ganz fernem Träumeland,
in einem anderen Jahrhundert.

Auch die kleine Fähre,
die mittags gar nicht erst geht,
denn der Käpt´n hält Ruh,
aus den neunzehnzwanziger Jahren
und die nur drei Autos trägt;
hundert Jahre nach Petkum gefahren.

Daneben die Werft,
die auf die Helling zieht und repariert,
große Schiffe aus Holz,
sie dort wieder auferstehen lässt,
nach dem Slippen aufklariert,
für große Schläge nach Nordwest.

Wenn man sie alle zählt,
sind´s Sechshundert Leben,
fast zu wenig Menschen,
aber zäh, nordisch und friesisch.
Um als Dorf zu überleben:
Robustheit gegen größer und riesig.

Schon allein die Mühle -
viermal verbrannt und demontiert.
Immer wieder aufgebaut!
Man lässt sich hier nicht niederringen.
Mit einer Achtkantgalerie verziert:
In Schönheit knarzen und schwingen.

Nur ein Selbstbedienungsmarkt!
Weit und breit kein Discounter.

Dörflich, erdig und reell.
Süßigkeiten von Hand abgezählt,
im Kiosk - witziger, gut gelaunter -
und Ja: Kulturerbe dieser Welt!

In der Nachkriegszeit zu arm
für Häuser im Design der Banken,
sprich: Architektenscheiße!
Nur minimal gebaute Sünden.
Keine Bauten, die von krankem,
ungerechtem Reichtum künden.

Die Einfachheit leben!
Hier ist nichts verwunschen, verträumt.
Die Wahrheit bestimmen
zähe Menschen, Männer, Frauen
- von sehr viel Arbeit alles gesäumt -
die auf Gegenseitigkeit bauen.

Denn Arbeit gibt es hier immer genug
und von daher kommt auch der Spruch:

Ut Ämse un See, dor halen se:
Granat, Ööle un Schnook;
De reddigen Fiskerslüü.
ok Snuvers un Flunners - tehop!
Dat makt se siet tiedensbeginning
un roopt:
Rüüm Haart! – Klåår Kimming!

Dressierte Hippen

Ununterbrochen ringelt, klingelt, schallert
dein smart, dein i, dein sonstwas-phone -
morgens, mittags, nachts;
im Flatrate-Club da bist du schon.

Ihr glaubt tatsächlich, ihr wärt cool?
Euer Tun würd willentlich bestimmt?
Für die Industrie seid ihr nur Tool.
Ihr seid arm! Und Reich gewinnt!

Aus New Economy wird niemand gerettet
ihr seid lust- und suchtgesteuert krank
und benehmt euch ständig so, als hättet
ihr wirklich keine Tasse mehr im Schrank.

Gaukler machen weiß, ihr wärt Teil goldner Cliquen
auf tiktok, youtube, X und inster.
Nix da! Ihr habt keine Chance. Ergebt Euch!
Denn eure Zukunft, die wird finster.

Wenn die Erkenntnis Nahrung wär,
hält man euch fern von Futterkrippen,
ihr schnallt es nicht, ihr merkt´s nicht mehr,
rangiert auf dem Niveau dressierter Hippen.

Das, was die Menschheit vorwärtsbringt,
nämlich die Kunst, wird terminiert,
wird durch Streamingdienste - schnöde billig -
zum Dukatenscheißer degradiert.

Werbung holt euch ab und sie nimmt euch mit,
ständig suggerierend, ihr wärt so was wie hipp.
Und so singt ihr aller Orten, nur mit andren Worten
einen alten Schlager; war damals schon ein Hit:

Ich bin von Kopf bis Fuß
kritiklos eingestellt - Konsum ist meine Welt.
Und sonst gar nichts!

Du bist es

Nimm die Schatten von meinem Herzen.
Nimm von meiner Seele die Schmerzen.
Nimm die Traurigkeit von meiner Brust.
Nimm von mir das Dunkle, den Frust.

Bring mir zurück das freie Lachen.
Bring mir zurück das Glutentfachen.
Bring mir menschliche Wärme herbei.
Bring mir was immer Du willst vorbei.

Zauber das Funkeln wieder ins Leben.
Zauber, nach Glück wieder zu streben.
Zauber Momente von Ewigkeit an.
Zauber einfach!
Denn Du bist die, die´s einzig kann.

Entschleunigung

Wenn Du fliegst, dann überfliegst
Du dein Heute, Gestern - jede Zeit;
mit Verlaub betrügst Du dich
durch Fliegen um Vergangenheit.

Denn wenn Du ankommst, irgendwo,
hast Du die Veränderungen,
die Reisen brächte, nicht erfahren,
hast Erkenntnis übersprungen.

Die Vergangenheit ist wichtig,
ist fürs Herz wie gutes Essen,
für die Gesundheit deines Körpers;
kaum zu zählen, kaum zu messen.

Sie bringt Nahrung für die Seele,
die sich stärkt aus Rückbesinnung,
dem schonungslosen Blick auf sich;
glasklar und lupenrein Erinnerung.

Nur wer ehrlich Rückblick hält,
der kann auch verzeihen
und damit seiner Zukunft
unfassbare Kraft verleihen.

Ein Hoch auf die Entschleunigung!
Aktiviere die Vergangenheit.
Nimm das Fahrrad, geh zu Fuß,
meide die Geschwindigkeit.

Niemals geht es ums Erreichen,
in Wahrheit ist der Weg das Ziel.
Im Prinzip, da weißt Du nichts … !
Wenn Du das weißt, weißt du viel.

Existenzängste

Sie spielten barfuß Cello zusammen,
waren sich deswegen näher gekommen,
das war vor allen Dingen sinnlich;
Jule und George; das war wie heimzukommen.

Waren anfangs ineinander heimlich verliebt,
sahen sich gegenseitig in rosa Licht,
irgendwann liebten sie sich abgöttisch,
nur es zu sagen, trauten beide sich nicht.

Stets wenn sie spielend einander sich sahen,
wussten sie, dass sie auch wirklich waren.
Keine Illusion, auch kein Spiegelbild
sie waren Wirklichkeit in dieser Welt.

Durch tiefe Überzeugung war ihnen klar,
dass sie parallel existierten. Vielmehr sogar
auch in anderen Universen und Realitäten
vorhanden waren; Welten voll Absurditäten.

Nicht auszudenken, was sich für Höllen auftäten,
sie sich ab kommenden Jahr nie wieder sähen,
weil sie dann an verschiedene Unis studierten
fragten sich, ob sie dann nicht mehr existierten?!

Denn wenn sie sich sahen, war klar: Wir sind hier!
Und nicht nur ´ne Skizze auf einem Papier.
Wir spielen und lieben; leben in unserer Zeit
und wenn alles so ist, wie wir denken,
auch sämtlichen Formen der Wirklichkeit.

Flucht aus dem Paradies

Ulf hielt an, war richtig froh!
Endlich frei, endlich Berlin!
Flucht aus Ödnis und Provinz,
suchend, Ecke Tauenzien.

Polstern sein Spezialgebiet.
Neuer Job war kein Problem.
Nach kurzer Zeit selbstständig,
alles fügte sich genehm.

Alsbald ein eigner Laden,
in der Tat ein schmuckes Ding,
Plus große Liebe: Suse!
Dann drei Blagen. Zeit verging.

Sie waren eingebettet
in Kreuzberger Stadtteilwelt
Schinkestrasse, Hinterhof -
Maybachufer – das gefällt.

Schöne Zeiten! Richtig gut,
bis die große Seuche kam,
denn die Kiezgemeinde schert
gerne über einen Kamm.

Wahrheiten umgedeutet,
ganz abrupt von jetzt auf gleich.
Ab da wurd es mächtig eng.
Neues Richtigkeitenreich!

Trotz Misstrauen fanden sie
Impfungen in Teilen gut,
daraufhin traf sie mit Wucht
kollektive, böse Wut.

Es änderte sich zeitgleich
sprachliches, aus gutem Grund!

Nahm jedoch durch Künstlichkeit
niemanden wirklich mit und

Selbstgerechtigkeitswalzen
geistig verbaler Verirrung
verwandelte sich in so was wie
die Bundessprechregulierung.

Diskussion fand keine statt.
Suse und Ulf verwundert,
Kurz darauf kam es ganz dick,
direkt von Null auf Hundert:

Beide beim Impfen `erwischt`!!!
Der Wandel von Wut zu Hass,
einige grüßten nicht mehr,
andere wandten sich ab.

Aufträge ließen jetzt nach,
kein Small Talk im Supermarkt,
Events und Küchenpartys:
Ausgeladen, abgesagt.

Folgendes tat weh und hat
zwei Freundschaften gehäckselt:
Denn die hatten unverblümt
den Bürgersteig gewechselt.

Auch im Nachhinein hat das
an den Nerven schwer gezerrt
und Erinnerung an frühen
Geschichtsunterricht beschert.

Missionierende Phobie
im so sehr geliebten Quartier,
schwerste Soziopathie.
Gedanke: Bloß weg von hier!

Sich fühlend wie im Film Tron:
Ausgang verzweifelt gesucht

im Zwei-Dimensionenland!
Letztendlich wurde gebucht.

Flüchtende vor Scheinfreiheit,
Depression, Entwurzeltheit,
umfassender Kontrolle
und urbaner Einsamkeit.

Dieses Metropolenproblem
ging ihnen, ganz nebenbei,
mittlerweile sowieso,
irgendwie am Arsch vorbei.

Der Wagen gepackt, bereit,
sie kaute ein Pfefferminz,
Suse gab langsam Gas und
sie fuhren in die Provinz.

Fuhren dreidimensional
durch Dimension Nummer Vier
immer Richtung Ostseeland.
Dort wohnten schon mehr von hier.

Wo schlimmste Verwerflichkeit
aus einem nicht akkurat
gemähten Rasen besteht,
als böser und höchster Grad.

Außerdem ist hier Moral
hauchdünnes Seidenpapier.
Meist aufgrund der Erwartung:
Grillabend mit Wein und Bier.

Gesetz der Physik

Rias Leben war, man kanns nicht anders sagen
mittig, zentriert, nach allen Seiten hin gleich
wie zwei große Felsen, die einander umkreisen
einem gyroskopischem Kreisel recht gleich.

Da mochte kommen, was kommen wollte,
welch Krisen auch, es tangierte sie nicht:
- Umwälzung, Katastrophe, Zerrüttung -
Sie stets im perfekten Gleichgewicht.

Die Welt und ihre Sicht darauf, die war klar:
Jegliches nahm sie stets alles umfassend wahr.
Keine Wandlung, groß oder klein, fein oder grob,
die ihre Mitte um auch nur ein μ verschob.

Sie war der Ruhepol des eigenen Lebens
und aller anderen um sie umzu,
egal was sie tat, die Richtung war klar.
Sie war wie ein Strom von epischer Ruh.

Nur ein einziges Mal wurde das alles gestört,
als etwas einmalig, entsetzlich geschah:
Unter den Reifen eines Lastwagens starb
ihr Allerliebstes - grad mal im siebenten Jahr.

Die Sicht auf ihr Leben veränderte sich,
sekundenschnell aufs Extremste verengt;
es war, als hätte von einem der Felsen
jemand ein Riesenstück weggesprengt.

Physikalisch: Labiles Ungleichgewicht.
Alles entfernt sich, so heißt es zumeist,
von einander weg. Letztendlich soweit,
dass es zum Schluss das System zerreißt.

Ihr Dasein: Zerstoben, ungleich, schwer erodiert,
schlingerte, torkelte - war komplett dezentriert.
Ihr Leben, ab da einfach fern, so unendlich weit.
Keine Freude, keine Hoffnung. - Nur Dunkelheit.

Glasfisch im Aquarium

Schön ist es zu glauben, man lebe selbstbestimmt …
Du lebst kein tolles Leben, Du lebst einen Werbespot.
In einer Seifenblase befindest Du dich,
einer aus triggernden Rhythmen und Schrott.

Schon vor Internet mit seinen Algorithmen,
wiesen kluge Menschen ständig darauf hin:
Euer Leben ist nicht selbstbestimmt!,
denn: „Freier Wille" - das macht keinen Sinn.

Mathematiker haben´s erkannt und berechnet.
Die Tec-Riesen haben, sozusagen, dich am Sack,
nur damit sie wissen, wann du was willst -
dieses geldgeile und weltweit eklige Pack.

Versuchst durch Durchsichtigkeit dem zu entgehn?
So wie ein Glasfisch in einem Aquarium?
Vergiss es! Wer zahlt, kann dein Herz schlagen sehn!
Egal ob du schwer intelligent bist oder strunzdumm,

Kleinster Hoffnungsschimmer: Like Kritisches!
Immer und immer wieder – das lohnt!
Denn dann besteht die Möglichkeit der Erlösung:
Du bleibst von Kackbratzen-Katzen in Videos verschont.

Glück und Freiheit der Anna-Maria Husken

Sie war nun von allen Fesseln befreit,
ab jetzt zum Glücklichsein bereit.

Freunde, Eltern, Brüder, Schwester, Mann -
befreit, wovon man sich befreien kann.

Kleider, Wohnung, Auto, Hof und Haus.
Versicherungen? Für alles das totale Aus.

Eine Freiheit wie zentriertes Glück!
Keine Wege zur Vergangenheit zurück.

Gefühlt war es wie Pfingsten und Weihnacht
auf einen Tag zusammengebracht.

Überwunden jede Ängstlichkeit!!!
Aber dann: Kein Rausch der Seligkeit ...

All die Erwartungen, Wünsche zerstoben und
sofortige und heftige Suche nach diesem Grund.

Erkenntnis: Freiheit schmerzt, Wahrheit tut weh.
Das Glück aus dem Nichts, nur eine Idee.

Ihr Inneres füllte jetzt Scherbenschmerz,
zerbrochen ihr mutiges Lebensherz.

Denn Glück hat nichts mit Willen zu tun
oder Besitzlosigkeit. - Das weiß sie nun ...

Glück

Auf dieser Erde! Diesem Planeten!
Diesem kleinen Klumpen Dreck!,
will man im Prinzip doch nur
von jeder Art von Wahrheit weg.

Von Dingen aus der Wirklichkeit,
Bildern ohne rosarote Brill´,
von der Obszönität des Daseins -
exakt dem, was man nicht wissen will.

Der nicht romantisierende Blick
auf ungeschönte Realität geriert:
Zufriedenheit ist absolutes Maximum,
was uns das Leben offeriert.

Wenn man´s erkennt, dann fragt man sich:
Glück? Verdammt, was soll das sein?
Ein Hinterhalt von Schriftstellern,
ein sprachlich bös gestelltes Bein?

Das große Wort von Heilsversprechern?
Ein vom Gehirn ganz mieser Trick?
Größte Täuschung seit Big Bang?
Ekelhafter Arterhaltungsfick?

Schlimmstmögliche Erfindung Hollywoods?
Immer lustig tapsend, auf den süßen Pfoten?
Spätestens hier ist´s dann bewiesen:
Glück ist etwas für Idioten!

Grünanlagenterror

Der Horror kommt im Lieferwagen
in Form von Gärtnern vorgefahren.
Die haben im Gepäck Motoren
für den Terror auf die Ohren.

Die Zweitaktdinger kreischen, nerven,
um freches Grün zu unterwerfen.
Im ganzen Viertel, nah und fern,
hochgradig ätzend: Infernalisch Lärm.

Orgie, kakofonisch - aus jeder Menge Phon;
Panik in Attacken: Akustikus mit Neurinom.
Schnitzelwerke, Scheren, ein Häcksler macht sich breit.
Der Tote ist der Gärtner! Gedanken ... Heiterkeit.

Immer toller treiben sie´s, jetzt auch noch mit Gift!
Ich hab mich alldem entzogen, bin total bekifft.
Besauf mich heute Abend, bin dann voll wie ein Kanal;
heftige Vision: Die kommen dieses Jahr noch mal!!!

Hamsterrad

Diese putzigen kleinen Nager
strampeln, schlafen und fressen
vierundzwanzig Stunden am Tag,
als hätten sie's Gestern vergessen.

Denn sie machen heute, wie gestern
und auch morgen das gleiche,
als könnten sie sich nicht erinnern
und zögen keine Vergleiche.

Vergleiche mit dem, was wohl besser
wäre als dieses Hamsterradleben,
um dann alles komplett zu ändern
und besseres anzustreben.

So sitze ich vor diesem Käfig
beglotze die Tiere, hab sie schnell satt,
weil ich's Gefühl nicht loswerde
auch ich säß im Hamsterrad.

Heimatlos

Heimat? - Dass war einmal!
Es verbleibt Erinnerung daran.
Sie wurd ersetzt durch viel
Ablenkung, Brot und Spiel.

Ein System, das schon
von ehedem gut funktioniert,
kritisch Denken wurde so
stets geräuschlos abserviert.

Höher! Schneller! Weiter!
Auf der Karriereleiter.
Denn merke: Es ist nie genug!
In dieser Welt aus Lug und Trug.

Sitzt fest im Sattel, im System -
für den, der Dich benutzt: Bequem!
Wer das ist, das ist egal:
Person, Gesellschaft, Kapital ... ?!

Mit Glück bemerkst Du irgendwann,
Freiheit ist ein Hologramm.
Nur ein Schatten an der Wand.
Du glaubst an ein reales Land?

Lebst in kindischer Zerstreuung, Zeitvertreib;
musst Dich tagein, tagaus damit befassen.
Schätzelein! Du wurdest nie befreit -
sondern schlicht um schlicht nur losgelassen.

Trete mal ganz ruhig beiseite ...
wechsel doch die Straßenseite!
Fühle, wie die Zeit verrinnt!
Dein Dasein reguliert, bestimmt

ein algorithmisches Gesetz!
Hängst weltweit wie im Spinnennetz.
Wirst gegängelt und führst eben
ein komplett elendes Leben.

Hermanns kleiner Blumenladen

Hermann gehört der Laden in dritter Generation.
Blumen, Grünzeug. Zweifel jedoch gab es lange schon.
Noch mehr Zweifel jetzt, obwohl der Laden so gut läuft,
er hebt die Flasche Bier: Am schönsten ist es, wenn man säuft.

Michael, Mädi und Rosi arbeiten für ihn halbtags;
er selbst fühlt nur die Knebel eines Ewigkeitsvertrags.
Deren Gelaber von geradezu grotesker Unwichtigkeit
raubt ihm Nerven, schlimmer: Teile der Lebenszeit.

Mädi vögelt Typen, die sind weg vorm Frühstückskaffee,
Michael weiß nicht, ist er hetero, schwul oder trans-g?!
Für Rosis Hochzeit gibt es keinen einzigen Termin ...
all das ist so weit weg von ihm, wie New York und Berlin.

Betrachtung einer Aster: „Dein Leben - sinnlos wie meins!"
Zurück im Wasser: "Ja, meine Liebe, trink dich noch eins!"
Langsam öffnet er die Kasse – so voll mit Geld, dass es kracht;
so viel Zaster hat stets gereicht, dass er auch weiter macht.

Heute nicht! Nie wieder Gebinde, Blumenstrauß, Bouquet.
Keine Alstroemeria, Lilie und Hortensie,
Rosen, Nelken, Gladiolen, Astern, Freesien,
Chrysanthemen, Dahlien, Calla und Strelitzien

Rittersporn, Eustoma und jede Art von Orchidee,
Sonnenblume, Löwenmaul, Ilex und Anthurie,
Amaryllis, Gerbera, Strandflieder und Narzissen;
Goldrute, Distel, Nelke - einfach drauf geschissen.

Um sich zu arrangier'n? Zu spät! Kleiner Blick zur Uhr,
er schraubt den Deckel vom Kanister, zündet dann die Schnur.
Verkaufsraum, Kühlung, Lager, Raum für Personal -
vier Meter zum Quadrat. Erinnerungen sind 'ne Qual.

Ungeliebter, kleiner Laden - jetzt endlich heißt's: Ade!
Er geht zurück zum Wagen, neuer Bulli von VW.
Schließt die Türe zu, fragt sich: 'Wie soll es nun weiter gehn?'
hört und fühlt die Explosionen, denkt: 'Ach! - So knallt E10??'

Ilka oder 'ne Tüte voller Liebe

Du bist so unterkühlt,
dass zu sehen, das tut weh;
um dich fallen Temperaturen -
man könnt' auch glauben Schnee.

Bist stringent, erbarmungslos,
gefühlsabweisend, hart.
Mit dir und auch den Deinen;
durch deine stets perfekte Art.

Völlig ohne Mitgefühl,
dein prüfend-kalter Blick
auf alle Menschen lässt
Irritationen dort zurück.

Umkreist dein Gegenüber.
Gedanklich, rational.
Das empfinden viele kalt,
Empfindliche brutal.

Dein ungehemmter Wille,
von Ehrgeiz nur gezeichnet,
hinterlässt schon Fragen ...
Niemand, der sich zu dir neiget.

Kannst Dich nicht befreien,
dein Herz so schwer verriegelt -
nicht lieben, nicht erkennen -
hast dich völlig eingeigelt.

Höre auf, so streng zu sein!
Der Mensch ist kein Getriebe.
Lass Gefühle in dein Leben
und 'ne Tüte voller Liebe.

In zwei Millionen Jahren

Sie fällt vom Ast, beginnt leicht schwebend
lautlos den Flug ohne Schlag,
segelnd, filigran sich erhebend,
weiter hoch im Aufwind kreisend;
fliegt in der Thermik und fühlt sich lebend.

Sie zählt zu den Eulen – weiß es nicht -
kreist sanft über den Kamm des Bergs
in klarstrahlend hellem Morgenlicht;
wo Coburgs Hohe Veste stand -
jetzt ein immergrünes Baumdickicht.

Niemand hier, der etwas wissen kann,
nicht ein Ding, das sich erinnert.
Nirgendwie, nirgendwo, nirgendwann.
Kein Wesen weiß was, auch nicht sie.
Friedlich unter ihr ein Schaf mit Lamm.

Nichts vom Ehedem, nicht mal ein Lied
vom Damals, Weiland und Voreinst.
Das ist ihr zu Hause und Gebiet,
ein Meer von leichter Heiterkeit,
dass die Erde blau und grün umzieht.

Weite Meere, Bäche, Flüsse, Seen.
Wildgetreide, Kräuter, Gras,
Pusteblumen, Klatschmohn, Azaleen.
Ein Sonnentau im Feuchtgebiet.
Aus der Höhe kann sie alles sehn.

Vor zwei Millionen Jahren initiiert,
als die Menschheit die Bühne verließ,
kein Sich-Bewußt-Sein mehr existiert,
Du und ich zu Staub gewandelt;
in reine Energie re-transformiert.

Im Gestern, Heute und Morgen sein,
bewusst im Gefüge der Zeit,
starb an genau diesem Punkt. Allein
die Erde hat´s nicht interessiert!
Die Eule fliegt über wilden Wein.

Nicht eine Regel und auch kein Tabu;
intuitiv ist ihr Flügelschlag.
Sie fliegt gespannt, doch mit großer Ruh,
nur der Hunger treibt sie zum Flug.
Sie ist hier, sie ist jetzt, sie schlägt zu:

Eine Maus!

Jäger und Sammler

Ich hege und ich pflege,
behüte und beschütze sie,
stehle mich mit ihnen fort,
aus dem Jetzt und Hie.

Schnipsel aus der Zeit,
die andere gedankenlos,
einfach achtlos weggeworfen,
sind für mich das große Los.

Manchmal nur Sekunden,
auch schon mal Minuten.
Bei Tagen wird es schwieriger,
die muss man lange suchen.

Zudem hab ich herausgefunden,
dass, wer Zeiten hortet,
sie sich auf seinem Konto sammeln,
sind also bei dem verortet.

Folglich sammle ich und suche sie,
jag ihnen hinterher,
schlecht für Zeitverplemperer,
denn ich habe danach mehr.

Wer's geschehen lässt, ich weiß es nicht,
nenne sie: Die Unsichtbaren.
Die wie Himmelsgötter Fäden ziehn,
wie die Interplanetaren.

Der wirklich beste Sammler sein
ist neuerdings mein Streben.
Schaun wir mal was kommt und wird:
Vielleicht ewig leben?

Kalter Sonntagmorgen

Es war eine dieser Feten,
zu der unsere Truppe ging,
nur weil sie eingeladen war ...
oft ohne Grund und Sinn.

Gegen zwanzig Uhr und dreißig,
wie üblich kamen wir geteilt;
trudelten jetzt langsam ein,
locker, leicht - easy verpeilt.

Auch Du warst, wie immer dabei;
gingst vor Peter und mir ins Haus,
von dort aus direkt zur Küche,
Flasche Wein, dann zum Flur hinaus.

Farina´s Frühlingsblumenduft,
wie Zauber und ganz eins mit dir,
bunter Schleier frecher Blüten,
süß aber leicht, farbig wie schier.

Schon erste Spitzen verloren.
Bouquet ganz fein, grandios wie rar,
mit den betörenden Tönen
deiner Haut; einfach unschlagbar!

Frisch gesägtes Holz, mein Geruch;
er verströmte Töne wie Herbst.
Alte Düfte sind die Besten und
am wirklich geilsten nur an uns selbst!

Standen nun quatschend im Flur.
Drinnen Lärmpegel geisteskrank!
Pogotanzende Gemeinde.
Brain Lickers zelebrierten den Punk.

Wir soffen weniger als sonst,
behielten den Verstand soweit,
über Denken, Meinen, Sagen -
würdigten keinen Blick der Zeit.

Es wurde leis, die Band war weg,
es dämmerte, die Uhr ging auf Vier.
Daher kam´s, wies kommen musste:
Die Allerletzten, das waren wir ...

Streiften zum Schluss durch die Gassen,
ganz verzaubert im Morgenlicht,
erzählten alte Geschichten -
der Mut reichte für Neue nicht!

Besonders dann, wenn wir lachten,
dampfte weit der Atem hinaus,
Kälte knisterte in Bäumen,
klingelte mit verbliebenem Laub.

Trennung an der letzten Kreuzung,
mit dem Ergebnis: Einsamkeit
zweier Menschen, denkend, sehnend,
sich wünschend; schon zu mehr bereit.

Blumen, Orangen, Exoten.
Seh dich hin und wieder im Markt,
die Düfte dort in der Nase,
berühren die Seele ganz stark.

Wir tun so, als wär nichts gescheh´n,
als gäb es nicht die eine Nacht.
Ausreden – lebensgeschädigt;
dann trifft dein Blick mich wieder sacht.

Genau wie Dir, so geht es mir.
Ich weiß nicht? Waren wir bereit?
Ich denk an den Gang von damals.
Zurück in die vergangene Zeit:

Hätten uns mehr trauen sollen!
Nacht der Nächte - ohne Sorgen.
Außerdem mehr wagen wollen!
An diesem kalten Sonntagmorgen.

Kammerton A

Sam T. Watt wird nach ewig alten
historischen Filmen nur "Kirk" genannt,
wir schreiben Sternzeit zwei-drei-acht-acht;
er ist Käpt´n auf Sternenkreuzer "Sithu U Thant".

Schon nicht mehr auf der Erde geboren,
sondern auf Raumstation X-7-R,
hat er den Stern menschlichen Ursprungs
nie besucht, aber wünscht es sich sehr.

Er hat in zehn Jahren mit seiner Crew
sieben neue Lebensformen entdeckt,
intergalaktisch und überirdisch.
Abermillionen Planeten gecheckt.

Alles, ob Pflanze oder auch Tier;
keins davon war sich seiner bewusst.
Nichts, was intelligent und friedlich,
dass über sich von sich selbst gewusst.

Keine Form von Organisation
oder auch nur Logik, Verstand.
Sie hatten alles absolut untersucht,
zu Luft, zu Wasser und auch an Land.

Derzeit sind sie im Anflug auf
Gliese Nummer Fünf-Acht-Eins
hoffen auf neue Formen von Leben,
denn auf Alpha Centaurie gab´s keins.

Dann Spiralgalaxie Andromeda
als M-3-1 auf Karten verzeichnet,
danach rüber zu Triangulum2;
durch Hoffnung auf Leben geeignet.

Die Menschheit verdankt so schnelles Reisen
dem Erfinder Tesla Einstein daVinci Hertz,
dessen Eltern - in Erwartung großer Dinge -
ihm diese Namen gaben. Kein Scherz.

Die Transformation von Ton und Schall
in Photonen wurde nach ihm benannt,
woraus die Fähigkeit zu reisen mit
fast Lichtgeschwindigkeit entstand.

Sam "Kirk" T. Watt steht auf der Brücke,
ganze Mannschaft hinter ihm, sowie
"Gelber Büffel" - Zweiter Kapitän -
von der Erde, vom Stamme Cherokee.

Als Großraumschiff mit Schallantrieb
rauscht die „Sitha U-Thant" für immerdar
durch Raum und Zeit, von Stern zu Stern.
Ununterbrochen summt: Kammerton A.

Loblied auf die Hefe

Alles wirkt nur noch im Großen,
ein jeder dreht das Riesenrad,
mit Geschwindigkeit die eigentlich,
für die aus purem Licht gedacht.

Sind alle hastig, schnell genug,
glauben sie tatsächlich gut zu sein.
Ich glaube das auf keinen Fall.
Gesund sind Ruhe und langsames Sein.

Begutachtung einer speziellen Speise:
Die meisten wird´s schwer überraschen,
wird schlechter durch Geschwindigkeit!
Die Hefe! Lässt sich nicht einfach verarschen.

Sie wird unleidlich, tut nicht mehr Gutes,
jeder Weizenteig gerät dann aus dem Lot;
wenn man ihr Zeit und Ruhe stiehlt,
vergiftet sie tagtäglich unser täglich Brot.

Drum singt ein Loblied auf die Hefe,
die auf Geschwindigkeiten pfeift,
uns gesunde Brote produziert,
solange sie nur langsam reift.

Marie fliegt

Marie hat es nicht mehr geschnallt,
schon gar nicht mehr ausgehalten,
Sozialmechanik nicht durchblickt,
nicht geschafft, sich rauszuhalten.

Ihre Mutter hat vergeblich
zu helfen versucht, halben Herzens,
jedoch nicht wirklich verstanden,
um den shitstorm auszumerzen.

Im großen Lügeninferno,
einem Strudel aus Fake und Spott,
fasste sie den harten Beschluss;
der ging ihr nicht mehr aus dem Kopf.

Die bunte Bluse flattert im Wind,
frühlingsfarben leuchtet ihr Rock,
sie lächelt, sieht in die Ferne,
auf dem Sims im achtzehnten Stock.

Freundinnen? Schon lange nicht mehr,
sie wurde behandelt wie Pest,
an keinem Tisch war Platz für sie,
seit Monaten gab´s nur den Rest.

Die Lehrerin hielt noch zu ihr,
war aber unendlich weit weg,
wie´s eben Erwachsene sind.
Sie alleine im Meer aus Dreck.

Schlimm hatte ihr Freund sie verletzt,
weil er ihr nur flüsternd beistand,
nie vor den brüllenden Kumpels;
raubte letztlich ihr den Verstand.

Die bunte Bluse flattert im Wind,
frühlingsfarben leuchtet ihr Rock,
sie lächelt, sieht in die Ferne,
auf dem Sims im achtzehnten Stock.

Und jetzt fliegt sie und fliegt und fliegt.
Sie schließt ihre Augen ganz dicht,
Angst fällt ab von ihr - und plötzlich
füllt ihre Welt Wärme und Licht.

Metallurgie

Die großen Menschheitsfragen: Woher? Wozu? Wohin?
Sie ergeben einzig und allein ... metallurgisch einen Sinn.

Wir entstehen in unserem Kontinuum
aus Eisen, Wasser und Magnesium,

Mineralien wie Chrom, Zink, Phosphor und Selen,
und tun jedoch in Summe aus mehr als dem bestehn.

Wir wissen, wer wir sind und aus was gebaut!
Sind uns unser Selbst - bewusst gewordener Sternenstaub.

Sind Milliarden Jahre alt und nach dem Ewigkeitsgesetz
immer wieder neu – ineinander gefügt, zusammengesetzt.

Aus Teilen so alt wie die Zeit, seit dem ganz großen Knall;
wir treten auch wieder ab - letztendlich durch den Zerfall.

Kehren in den Urzustand, zum Schluss, mit etwas Glück,
in den ältesten der Kreisläufe, als Sternenstaub zurück.

Neue Liebe

Ihre neue Liebe!
Sie war so aufgeregt;
er kommt aus Düsseldorf,
hat sie im Netz erspäht.

Riesige Gefühle,
zum Denken keine Zeit
und auch keine Fragen
nach der Wahrscheinlichkeit.

Katzenfotos liken:
Erstellt ein Psychogramm.
xing, indeed und stepstone
hängen sich hinten dran.

Eier, Speck, Tomaten,
Soundbar, Unterhosen.
Reise, Spiel, Pullover,
Audi, Hummer, Soßen:

Alles Rattenfallen!
Wie Low-Carb – ohne Fett,
der Job, die Liebe, Hass -
kommt aus dem Internet.

Ein Rest von Argwohn blieb.
„Wie kommt er nur auf mich?"
Vierzig Millionen -
und ausgerechnet ich???

Sie las über Zufall
und die Wahrscheinlichkeit,
über Algorithmen
und auch über Einsamkeit.

Er hat sie wohl gewollt;
was auch ging durchforstet,
große, kleine Infos,
sauber, fein gehortet;

auch Social-Media -
bis es ein Bild ergab.
Er wusste, wie man sucht,
er wusste, wie man fragt.

Letztendlich die Erkenntnis
schon bitterbös: Allein -
gegoogled, observiert - und
gestalked worden zu sein.

Niemandem verpflichtet

Hans traf den Kerl auf einer Party
ihn Laberarsch zu nennen, wär korrekt,
einer, der in Wirklichkeit so gar nichts,
aber stets so tut, als wenn er alles checkt.

Keinen Lehrer, keine Lehre, keinen Meister.
Schule abgebrochen, hätt´ er eh gefressen.
Er wäre niemandem zu was verpflichtet,
er, der Größte, müsse sich mit keinem messen.

Er schimpfte weiter aufs System,
sicherlich noch ein paar Stunden,
seine Bildung, Schule, Uni
hätte auf der Straße stattgefunden ...

Und man könne es auch so seh´n,
dass er es zu was gebracht,
denn er wäre ja dermaßen reich,
dass es nur so raucht und kracht.

Hans stand abseits, dachte sich,
der scheint in Qualität und Güte
- als Beweis sein Dummgeschwätz -
ein Vollidiot erster Kajüte.

Onkel Heini´s Kegelbahn

Er war kein richtiger Onkel,
von uns Blagen nur so genannt,
Heinrich Gerhard Diekenbusch,
Heini gerufen und jedem bekannt.

Er besaß in unserer Straße
das mit Abstand größte Haus -
unten Kneipe, kleiner Saal;
Familie wohnte oben drauf.

Wir Kids rannten dort herum,
spielten in Kneipe und Hof
und ab und an sangen wir albern
den Schlager: Heini ist doof!

Es war unser zweites zu Haus
und unser Eindruck war,
dass es von einigen Älteren
wohl das erste und einzige war.

Neunzehnhundertsechsundsechzig
wurde mal schwer investiert,
in einem langen, schmalen Anbau
zwei Kegelbahnen installiert.

Ab da Jubel, Trubel, Heiterkeit
schon Nachmittags um vier,
meist das ganze Jahr hindurch:
Schnitzel, Schnaps und Bier!

Das war in den Sechzigern,
rauchgeschwängert, mit viel Lärm,
alles stand zum Allerbesten -
Die Vergangenheit war fern.

Clubs und Clübchen bildeten
sich rund ums Vorderholz,

quitschten vor Vergnügen;
die Bahn war Heinis ganzer Stolz.

Siggi, Harry, Addi, Piet -
meist mit ihren Frauen;
Nette, Chrissy, Elke, Brit,
allen war was zuzutrauen.

Ein sehr verhuschter Junge,
den niemand richtig kannte,
der auch selbst nie kegelte
und sich Peter nannte,

stellte hier die Kegel auf -
ein hagerer Nachbarjunge.
Immer irgendwie gehetzt,
wie ständig auf dem Sprunge.

Er wurd im Zug der Renovierung
durch neue Technik die berauscht,
wie die Spielbahn, neunzehnsiebzig,
maschinentechnisch ausgetauscht.

Mit Schwung gings in die Achtziger,
Mechanik und Elektrik war
auf dem superneuestem Stand,
es war einfach wunderbar.

Doch je besser diese Technik wurde,
desto mehr sank die Begeisterung,
irgendwann war Kegeln out -
mit den Jungen ging der Schwung.

Und von den Gründergruppen,
also Siggi, Harry und Konsorten,
lag ein Großteil jetzt in Heimen
oder schon ganz andren Orten.

Die Jugend, die kam nicht nach -
auf Teufel komm raus, sie wollte nicht

so wie die Alten hier spielen.
Langweilig und öde aus deren Sicht.

Die Mädels zog´s zu den Kerls,
die Kerle zog´s zu den Weibern ...
dröhnten sich lieber auf Festivals
die Zwänge aus Köpfe und Leibern.

Dann kam die Zeit des Verfalls,
so bitter wie Wermutstropfen;
nach einem schweren Regen
begann es vom Dach her zu tropfen.

Erst lösten sich Tapeten,
dann wellte das Holz der Bahn,
das Ganze wurde dichtgemacht.
Kam eh nicht mehr drauf an.

Als Kegelbahn gestorben,
machte sie Parkplätzen Platz.
So, wie Onkel Heini, der den Löffel
abgab - eines Nachmittags.

Haus und Lage waren einfach gut,
weshalb Onkel Heinis Erben dachten,
es geruchsneutral und durchgestylt
als Franchise-Kneipe zu verpachten.

Ich kann von diesem Ort nicht lassen!
Ich geh immer noch gern hin,
mir den (zugegebenermaßen guten)
Kaffee Crema reinzuziehn.

Der Laden ist perfekt, langweilig,
sieht natürlich stylish aus,
doch ihm fehlt das Herz, es ist
einfach Business und kein Zuhaus.

Opium

Geld krallt sich die Menschen!
Alle wollen glücklich sein.
Ohne jene Radikalität,
durch die sie zweifeln würden,
in ihrer Traum-Realität.

Knete triggert deren Zentrum
dort, wo die Belohnung sitzt.
Denn Geld wirkt aufs Gehirn
wie eine Überdosis
aus Zucker oder Heroin.

Mensch merkt nicht mehr,
was wrichtig ist,
Geld schafft die Illusion
einer gerecht gelebten Welt.
Für Reiche ist sie´s schon.

Doch gibt es eine Seite,
für fast Alle finster, denn
die ist völlig ohne Licht;
und all die schönen Dinge,
die gibt´s dort einfach nicht.

Gerechtigkeit in dieser Welt
ist letztlich eine Illusion;
gut strukturierter Algoritmus,
und das mit einer Taktung
bei der jeder mit muss.

Kapital ist wie ein Magier,
zaubert Dir ´ne falsche Welt!
Du bist gut und Du hast recht.
Sklavenhalter sind die anderen,
nur die sind wirklich schlecht.

Zaster, die Totalbetäubung.
Ganz viele wissen, dass es sich

um eine Matheformel handelt,
doch alles wird getan, damit
sich das in einen Glauben wandelt.

Niemand weiß was kommt,
doch der Menschheitsweg
geht schon läng´re Zeit wie jetzt:
Die Knete hat die Religion
als Opium ersetzt.

Paradies

Hab gestern mal wieder versucht,
das versprochene Paradies zu finden!
Im Traum, zu Haus, beim Bäcker,
nachts in der Kneipe, mitten in Minden.
Aber zu diesen Zeiten findet man´s nicht,
denn in der Nacht gibt es nirgendwo Licht.

Bin über siebzehn Orte gestolpert,
konnte nichts entdecken dabei-
nicht beim Bäcker, früh morgens um sechs,
nicht auf dem Küchentisch mit Frühstückei.
Noch nicht mal im Internet auf dem PC
oder dem Kackstuhl vom Kneipen-WC.

Heute morgen juckte es wieder erneut,
auch diesen Tag jenen Ort mal zu suchen;
doch war´s dem Verstand superschnell klar:
Auch diese Suche endet mit Fluchen.
Diesen Gedanken dann recht schnell zerrissen.
Paradies??? - Einfach mal drauf geschissen!

Pia, ganz nackt

Pia kam nackt und ohne Besitz
auf die Welt und wusste von nix,
sie lernte jedoch schmerzlich fix:

Was einzig dich am Kacken hält
im Leben ist nur Geld, Geld, Geld!
Leider auch wenn´s nicht gefällt.

Sie lebte wahrlich lange Zeit,
jung zu Schandtaten bereit!
Spürte, alt, die Ungerechtigkeit.

Entwickelte daher die Sicht:
Nur die Pflanze lebt vom Licht.
Andre Lebensformen nicht.

Heißt: Wenn du selber leben willst,
geht´s nur, wenn du And´res killst
und somit Lebendiges vertilgst.

Permanent hat sie´s genervt,
dennoch dafür den Blick geschärft,
wie der Mensch die Welt beherrscht.

Denn stets bleibt Sieger oder ist,
Fleischfresser wie Veganist,
nur der, der anderes Leben isst.

Wer hat dies Gemetzel wohl erdacht?
Schmierenkomödie! Bei der lacht,
der was um die Eck´ gebracht.

Wie in´nem Film, ganz mieser Plot,
labyrinthisch-geistig Schrott,
erfanden wir: Den Lieben Gott!

Auf Wiese, Berg - oder im Tal
Himmel, Hölle oder Walhall
ist letztendlich total egal.

So weit ihre Gedanken im Kopf,
dann auf dem Wege zum Topf,
in ihrer Blutbahn ein dicker Pfropf.

Der Folgesturz hat den Körper besiegt,
kalt ist der Tisch auf dem sie liegt.
Die Pathologin pfeift sich ein Lied.

Unromantisch, im neunzigsten Jahr,
aufgeschnitten und bleich, wie bar,
auf einer Platte aus Chrom-VA.

Sie wird ab nun der Würmer Fraß.
Da beten wir - ohn´ Unterlass:
"Für Dies und Das: Deo Gratias!"

Picknick unterm Birnenbaum

Elisabeth fühlt sich frohfrei
und an nichts gebunden,
sie lebt einfach ihren Traum,
hat ihn nun gefunden.

Hat gegrübelt und gezweifelt,
überlegt sehr lange Zeit.
Vorgestern die Entscheidung:
Für jede Zukunft nun bereit!

Freundinnen hatten schon lange
ihr geraten und gepredigt;
eine Kleinigkeit, die fehlte noch,
lächelnd heute Vormittag erledigt.

Sie saß jetzt im Garten, ganz
locker unterm Birnenbaum
vorm gedeckten Tisch mit Blumen;
es war wirklich wie ein Traum.

Das selbst gebackene Brot,
französisch die Butter mit Salz,
aus´nem bretonischen Küstendorf
- Oh ja, Gott erhalt´s!

Schinken, Obst, Gemüse,
Eier, Kaffee - der freie Himmel!
Das i-Tüpfelchen war ein Brie
mit genau richtigem Schimmel.

Etwas entfernt Fernsehgeplapper,
Kalle, ihr Mann, saß noch im Haus,
sie konnte ihn nie überreden,
er hasste Natur, wollte nicht raus.

Sie fing an zu essen, rief ihn
noch zweimal, um sicher zu gehn.

Sie dachte: Wenn´s so ist, wie´s jetzt ist,
ist Alleinsein auch schön.

Nach zwanzig Minuten schreckte
sie hoch: Im Ofen der Hefezopf!
Sie ging durch den Garten zum Haus,
es köchelte noch Suppe im Topf ...

... Kalle saß vor´ner Daily-Soap -
mit einer Axt quer im Kopf.

Urstrom der Lüfte

Wir umspannen die Mutter Erde,
auf dass das Leben werde.
Sind wie Wind voll mit Segen;
als das Plankton der Lüfte,
kommen wir euch entgegen,
wie ein Meer voller Düfte.

Große Lebenslotterie,
einzigartige Allegorie,
Bakterien, Viren, Pollen
was da mit uns fliegt und schwebt;
es schöpft aus dem Vollen -
auch was sonst noch durch uns lebt.

Enormer Strom des Seins,
jeglichen Lebens, auch Deins;
wir ziehen über Kontinente,
über Berge, Weiten, Seen,
verteilen alle Elemente,
wie immer auch die Winde weh´n.

Kleinstes Getier, wie Spinnen,
fliegen mit wie von Sinnen
auf einem zart-leichten Schirm,
der schönsten Pusteblume
unter funkelndem Gestirn,
sich säend, bis hin zur Krume.

Ihr jedoch mit eurem Dreck
- die Geldgier: Heiliger Zweck! -
vernichtet Habitat und Raum,
zerstört so aller Hüllen Schutz,
in der Luft, auf Acker und Baum;
ihr seht nur euren Eigennutz.

Wir machen, dass alles entsteht,
wissend, dass ihr nichts versteht;
braucht euch auch nicht zu wundern,
dass wir euch mit Allergien,
bis ihr Luft schnappt wie Flundern,
ohne Gnade überzieh´n.

Poetenalbtraum

Ecki war extra ins Kloster gegangen,
sieben Tage Andacht - Silentium.
Angebot eines bayrischen Klosters.
Einkehr, Ruhe, Beten - Officium.

Ecki schrieb - besser: Hatte geschrieben!
Denn seit Monaten hat´s ihn schwer aufgerieben.
Er war hierher geflohen, damit keiner frage:
Was denn nun sei, mit der Schreibblockade?

Schlimmer kann´s einem Künstler nicht gehn,
nur wer´s selbst erlebt hat, kann es verstehn.
Sie zu brechen machte er alles! Kaufte sogar neue Schuh.
Monatelange Qual. Erkenntnis: Ich brauche Ruh!

Er zwischen Patres und Fratres beim Morgengebet
als Ungläubiger, was den sechsten Tag schon so geht.
Er sitzt, nach dem Frühstück im Refektorium,
stundenlang in seiner Kemenate herum.

Steht auf, geht im Kreise und läuft umher.
Stets das Gleiche: Das Papier, es bleibt leer.
Doch heute, nach Mittag, nach dem Essen und einem Gang
durch den Klostergarten, ein Vers, ein Reim in ihm klang.

Er flitzte gleich hinauf in sein Zimmer
zückte den Bleistift wie immer,
durchzogen vom Hoffnungsschimmer:
Endlich wieder echter Gewinner!

Als dann der Rausch verklungen war,
er sich den Text so richtig besah,
fand er entsetzt nur einiges
rührig-schwülstig Schleimiges.

Mehrere Stoßgebete stiegen hinauf ins Himmelszelt;
als nächstes implodierte: Vier, drei, zwei, eins - seine Welt.
Denn er hatte sich, nach sieben Tagen im Klostergeviert,
im Labyrinth grauenhafter Schlagertexte verirrt.

Herz auf Schmerz, Liebe auf Hiebe, ansonsten leider nichts mehr ...
egal ob Schreibblockade hin oder Schreibblockade her:
Fast jeder Autor der schreibt, kennt sich mit so etwas aus.
Die Schlagerhölle! Aus der kommt man so schnell nicht wieder raus.

Rente

Du steckst wie im Gedankentunnel
einzig die Rente, die ist dein Ziel
in immer wiederkehrenden Schleifen.
Dein Leben bietet ja sonst nicht sehr viel.

Dein Dasein ist ein zu nichts nutzes,
von Sinn befreit, armseliges Leben.
Da erwartet man dringlich die Rente.
Ja, das tut man. So ist das halt eben.

Ich versteh, dass so was Erlösung sein kann,
nach vielen Jahrzehnten verkorkster Zeit;
Demenz fördernd die Stupiditäten.
Da kotzt so mancher ganz bös - vor Übelkeit.

Da kann sogar schlimmste Tristesse
ihre Leuchtkraft irrlichtern entfalten.
Man sollte sich schon vor der Rente
ferne Ziele setzen und Zukunft gestalten.

Bitteschön eine, auf deren Ende man dann
jeden Tag aufs neue hinfiebern kann.
Denn manchmal, das steigert wirklich den Frust,
bleibt das kleine Herzilein stehn in der Brust.

Und dann liegst Du da im kühlen Grunde,
ich hoffe, das geschieht nicht schon morgen;
mit der Tristesse, als größter Hure im Sarg.
Allerdings: Du liegst da ohne Sorgen!

Sabine

Wir waren durchgeknallt, verrückt,
sind für einander entflammt,
haben, nur einen Wimpernschlag,
hell von allen Seiten gebrannt.

Zu Kunze sind wir geflogen,
über Berge bis hin zum Mond,
packten den Saum vom Firmament -
den Zauber, der in allem wohnt.

Doch an Geistern alter Lieben
sind wir dann letztlich gescheitert,
sie bekämpfen, zu besiegen,
das haben wir nie gemeistert.

Verloren uns aus den Augen
- das Gerede uns aber nicht -
ab und zu hört man Geschichten...!
Manche sind gut, andre sind schlecht.

Wenn ich heut mal vorbei komm,
klau ich auf dem Wege zu Dir
Blumen aus irgend´nem Garten -
dann bleibt die Zeit stehen in mir!

Die leg ich mit einem Kiesel,
nicht zu selten, erst letzten März,
auf diesen Findling über dir -
denn: Dein ist mein ganzes Herz.

Scheiß Hotel

Ich erinnere mich nicht wirklich,
hatten wir doch nur Ruhe gesucht,
sodass wir über uns erschraken...
dermaßen spontan wurde gebucht.

Zügig auf die friesische Insel,
in „unser" Hotel – oh wunderbar;
obwohl wir alte Dinge mochten,
war es die Fehlentscheidung vom Jahr.

Trostlos und öde die Überfahrt.
Das Meer, wie platter Ententeich,
mogelte sich in Geist und Gemüt,
wiegte uns ins Langweile-Reich.

Obligatorisch: Fährenbockwurst!
Heiß erwartet aus der Kombüsis,
zeigte unter diesen Umständen
fantastisch-unfassbare Ödnis.

Schattierungen lauwarmen Grauens,
dazu Päckchensenf mit weißem Brot,
langweilig Obligatorisches -
rückentwickelt von Tugend zu Not.

Das Glas Riesling-Sekt zur Begrüßung,
allerliebst serviert unter Linden,
kühl erwartet in Sommerhitze,
doch zu lau ihn prickelnd zu finden.

Die Situation - sehr bescheiden,
schon so, wie wenn man um Fassung ringt,
aber das Schlimmste kam noch für mich:
Mit ihr am Strand Wandern. Unbedingt!

Das Drei-Gang-Abend-Menü verlief
ohne den Höhepunkt. Kurz und knapp:
Später brachen wir auf dem Zimmer
das Vögeln aus Lustlosigkeit ab.

Irgendwann saßen wir mit Gläsern,
ganz schön beschwipst und ohne Sorgen,
schirmchenbehütet auf dem Balkon.
Die nächste Fähre fuhr erst am Morgen.

Wir suchten Sonneruntergangstrost,
doch irgendwie war's auch zu hell...
ich erhob mein Glas, sagte: Prost!
Sie erwiderte: Scheiß Hotel!

Shane MacGowan

Neunzehnhundertsiebenundfünfzig
als Ire! in Pembury geboren;
ab dann ohne Wurzeln und schon halb verloren.
Direkt am Anfang alles schiefgelaufen.
Es blieben schließlich und letztendlich
nur Singen, Kotzen, Fluchen, Saufen.

Schneidezahnwunder, wie es so hieß ...!
Du irisches Licht in der Finsternis
nicht zu ertragender Schlagerhölle.
Silben, Worte, Sätze - Reime von größter Völle.
Getrieben, für Dich gab´s kein Ruhekissen;
Poeme, Lyrik, Songs - erbrochen, rausgeschissen.

Irgendwann war es von alldem ein Zuviel;
Heroin, Alkohol, Koks - Leben ist leider kein Spiel.
Fünfundsechzig Jahre getobt! - Keiner wie Du!
"... the bells are ringing out" - today only for You!
Ich sing jetzt noch mal "The parted Glas";
trink auf dein Glück und denke: Das wars!

An diesem Zuviel biste elend krepiert zuletzt,
hast jedoch Menschen heilend ihr Herz verletzt.
Hoffentlich geh´s vielen so und nicht nur mir!
Ein allerletztes Mal verneig ich mich vor dir!
Ergreife den Saum, kindlich, vom Sternenrock,
Du wahrhaft großartig-versoffener Hurenbock.

In den Shannon haben sie deine Asche gestreut.
Wegen einer Hoffnung hat´s mich sehr gefreut:
Nämlich, dass sich ein homöopathischer Teil
durch das Wasser über die ganze Erde verteil
und sich irgendwann alles zum Guten bewegt,
weil ein Jeder ein Quäntchen von Dir in sich trägt.

Sinn des Lebens

Magier, Zauberer, Vermehrer von Geld,
Erschaffer gigantischer Vermögen,
führen uns leitend durch diese Welt
und halten uns ab von ihren Trögen.

Uns teilt diese digitale Bagage
mit Algorithmen als Triage
in wertvoll, halbedel, scheiße,
auf die eins, null, andere Weise.

Egal ob Liebe oder Hass, es ist
verknüpft mit deinem Namen.
Hilflos beten wir ohn Unterlass
und rufen ständig: Amen!

Glaube ja nicht sie verlören
Dich aus ihren Augen;
sie finden immer einen Weg,
dir Digitales auszusaugen.

Aus diesem Grunde, ja deshalb,
tanzen wir ums Goldene Kalb.
Weil's nur noch um die Knete geht,
uns jeder Sinn zum Leben fehlt.

Aber mach dir bitte keine Sorgen,
denn den Magiern bleibt immer was:
Selbst im Zustand digitaler Scheiße
taugst Du als Dünger noch zu was!

So´n bisken Wärme, woll!?

Was man einzig wirklich will,
was nur ein Anderer ausstrahlt,
ist diese menschliche Scheißwärme,
wenn der sich deinem Körper naht.

Wenn sich die eigene Haut mit der
eines anderen Menschen reibt,
wenn man es vertraut, versaut
mit seinem Gegenüber treibt.

Da fragt man sich doch in der Nacht,
was hat Natur sich nur dabei gedacht?
Da vögelt man so hübsch zu viert,
zu dritt, zu zweit - im Bettgeviert,

bemüht sich, Ewigkeiten unbesehen,
auf Sekundenhöhepunkte hin;
das ergibt doch, so gesehen,
tatsächlich keinen Funken Sinn.

Sommermärchen

Gleich beim Italiener nebenan
genießen Cappuccino, Eis -
Luisa, Mia, Piet und Jan.

Lassen´s heute laufen wie´s so ist,
erzähl´n sich schlichte Witze,
lachen einfach über jeden Mist.

Wirklich alle reden, jeder ist mal dran,
so lassen sie an diesem Tag
der Leichtigkeit die Bahn.

Sind happy, sitzen da und lachen -
oft muss man zum Glücklichsein,
einfach gar nix machen.

Sternenkucker

Dämmerung setzt auf der Insel ein.
Vor der Unterkunft im Abendlicht,
Ulf Beier startet seinen Wagen;
beide Lichtkegel schlängeln sich

vorbei an Wald, an kargem Bewuchs
auf felsig-steinige Ebenen.
Zweitausenddreihundert Meter hoch:
Die Kuppeln, die abgelegenen.

Optik kalibriert, er ist allein,
Programme laufen automatisch,
Sternenblick durchs Riesenglas,
die Unendlichkeit wirkt statisch.

Für solche Momente im Lager
Weine - eine kleine Deponie.
Johannisberger für Entdeckungen.
Rotlack! Eleganz und Harmonie.

Für die großartig-einsamen Nächte:
Schwerer Roter, opulentes Gehalt,
mit dem Namen vom heiligen Georg.
Großer Jahrgang und zwölf Jahre alt.

Von den Roten öffnet er jetzt eine,
gießt ihn langsam in ein Glas,
beschaut ihn, riecht ihn, schmeckt ihn:
Sinnlichkeit im Übermaß.

Er ist nun Einzig auf der Erde,
das neue Jahr Sekunden weit.
Sterne, Galaxien, fernes Leben;
Bewacher des Schlafs, Hüter der Zeit.

Urlaub an der See

Piet und Steffi waren so happy.
So happy as happy can be.
Denn ihre Hochzeitsreise ging
von München aus an die See.

Der Panamera mit zweihundertzehn
über den Asphalt der Autobahn
krajohlte, röhrte, kreischte!
Totaler Geschwindigkeitswahn.

Auf die kleine, schnucklige Insel,
das war schon immer ihr Traum.
Schicke Schuhe, schöne Kleider;
gefüllt war der Kofferraum.

Doch nicht weit hinter Augsburg
auf der Autobahn Nummer 8
Piet hat den Truck nicht blinken gesehn
da hat es gewaltig gekracht.

Steffis letzter Gedanke war: Shit!
Der Panamera komplett zerlegt,
die Gaffer knipsten und blitzten,
durch Wellen von Adrenalin erregt.

Der letzte Gedanke von Piet:
Verdammter Scheiß, jetzt liegen wir
blutverschmiert in der Dämmerung
und die Uhr schlägt nicht mal Vier.

Mangel an Klugheit und an Geschick;
erneut kann man`s hier wieder sehn:
Tödlich rasch bricht so ein Genick -
noch schneller kann´s Glück nicht vergehn.

Veganes Glück

Lilli isst vegan
und bei ihr auf den Tisch
kommen weder
Fleisch noch Milch
und schon überhaupt
kein Fisch.

Ja, sie ist sich sicher,
strahlt in hellstem Licht.
Auf ihrer Lebenslügenseite
hat das Gute
- immer Fairtrade -
wirkliches Gewicht.

Eine Fairtrade-Schoki,
gleiche Größe, gleiches Maß,
wie böse Süßigkeiten,
das beruhigt schwer
ihr Gewissen.
Oh, wie schön ist das.

Dem Kapital ist es egal,
was sie auch immer frisst;
Fisch, Fleisch, Schokolade,
Fruktovegetarisches -
alles was ihr hip
oder auch hipster ist ...

Denn in einem Gegenleben
ist es nicht so schön,
in der Welt der
Fairtradesklaven,
klingt ihr Pathos
schwer obszön.

So zu leben ist wie mit
dem bestem der Gewissen,
ganz unbeschwert
und frei von Schuld

öffentlich in eine
Trinkwasserleitung pissen.

Ja, sie kann so leben,
kann es machen, kann es tun,
doch genau betrachtet
und in Wahrheit
ist auch ihre Lebensart:
Kurbeln am Konsum!

Lilli denk sich radikal,
ist es jedoch nicht!
Dafür müsste sie
sich einschränken,
denn:
Radikal ist nur Verzicht!

Vergurkte Liebeserklärung

Aus dem Holz von Silberpappeln,
die mich abends schlafen wiegten,
bei uns zu Haus im Garten standen,
sich an meine Seele schmiegten,

schnitze ich mit größter Freude,
gekonnt und schön Figürchen,
setze sie vor Puppenhäuser
auf die Bänkchen neben Türchen.

Auch schmied ich schönste Ketten
aus Silber, Gold und Eisen.
All das würd ich liebend gern,
Dir zeigen und beweisen.

Selbst das Gitarrespielen
hab ich wunderbar im Griff,
fast alles klingt harmonisch,
ein Problem ist nur das Gis.

Ich schreib Gedichte, halte Reden,
bin schlagfertig, ja eloquent;
ich weiß wie die Dinge ticken,
bin zielgerichtet, konsequent.

Kaum aufzuzählen was ich
so weiter noch beherrsche,
dazu bräucht es sicherlich
einen ganzen Tag Recherche.

Segelfliegen, Crossradfahren,
Yoga für die inn´re Ruh,
Partys feiern, Verlässlichkeit -
jedes davon gehört mit dazu.

Alles das ist Teil von mir,
ich wünschte auch ein Teil von dir!
Nur zeigen kann ich es dir nicht,
denn wenn Du in meiner Nähe bist,
gelingen mir - all diese Dinge nicht.

Verliebtengebet

Es gibt Tage, da kann ich lachen,
bin unbeschwert, kann Unglaubliches machen.
Verfliegendes Grau, alles rein, alles sauber;
diese Tage erscheinen wie reiner Zauber.

Ich spüre dann, es ist wie Frühling
als schlösse sich des Lebens Ring
Wie verdrängt sind Irresein und Wahn
- spielende Delphine im Ozean.

Das Leben plötzlich von Wärme umflutet.
Nicht Wissen, nicht Wollen - Liebe, die tut es.
Genau dann fühl ich mich so wie ich bin.
Das Große, das Ganze ergibt einen Sinn.

Nimm die Schatten von meinem Herzen,
von meiner Seele, nimm jegliche Schmerzen.
Mach es heute!!! - Nicht irgendwann!!!
Denn Du bist die einzige , die es ganz sicher kann.

Wirklicher Albtraum

Ach ja, hier da bin noch ich!
Doch von meinen Ängsten,
da spricht mal wieder keiner!
Der Albtraum der mich plagt,
ist ausschließlich meiner.

Das macht die Flut der Nachrichten;
je schlimmer, desto mehr und öfter,
denn so lautet das Gesetz.
Meine Traumvorlage wird gefüttert
mit Grausamkeiten aus dem Netz.

In dem geschieht stets gleicher Mist:
Ein übel quälend langes Ende,
an dem das Gute mich vergisst,
sich zum Schluss und obendrein
außerdem das Glück verpisst.

Dieser Traum besteht aus Hass,
Inkompetenz zu Mitgefühl,
Boshaftig- und Maßlosigkeit,
totaler Macht, totalem Wahn …
Auf ewig droht da schlimme Zeit.

Ich wache aus dem Albtraum auf -
trinke Kaffee, dann die Nachrichten:
Oh! Der Horror war gar nicht geträumt!
Die Welt befindet sich im Sturzflug,
wird grad vom Teufel aufgeräumt.

Wolfgangs Reise

Ja, dachte er bei sich, das war schon hart:
Nach Tarifa trampen und das von Trittenheim.
Erinnerungsbilder tauchten auf erneut:
Null Glampen, kein gemütliches Sein.

Von Tarifa dann nach Tanger per Schiff.
Für kleines Geld, Hälfte vom Sprit,
durch die Wüste auf der A5,
bis Casablanca fuhr er dort mit.

Anzeige: Mitfahrt - Catamaran!
Nach Madeira, wo die Zitronen blüh´n,
er nahm die Gelegenheit wahr. Auch
Orangen wollte er unbedingt sehn.

Hin zu Gomera von Port do Funchal.
Am freien Strand. Nichts eingezäunt!
Freigeister, Freaks und alte Hippies;
ein jeder sagt: Du bist mein Freund.

Fernes, fremdvertrautes Land
lässt seine Seele leicht hüpfen,
Berge, Straßen - schwarz der Strand.
Er sieht sich an gedeckten Tischen.

Wo ist das Ziel - Wie ist der Weg?
So vieles gelesen. Er ist gewillt!
Sucht in Schubladen diesen Ort,
der seine Sehnsucht inniglich stillt.

Doch Wolfgang starrt gläsern, ja ziellos,
mit unglaublich traurigen Blick,
den Rucksack im Geiste geschultert,
nach gegenüber, auf eine Fabrik.

Nur einmal war er, sein Leben lang,
bis zur Stadtgrenze - bei einer Tour,

weiß Gott kein Ort von globalem Rang,
wir reden von Erkenschwick / Buer.

Dann auch die Frage: Wie sollte er gehn?
Jogginghose? Fleckübersät?!
Diesem lächerlich dünnen Hemd?
Den alten Latschen, in denen er steht?

"Wolfgang!!!" kam aus der Küche der Schrei,
Mechthild zerstörte laut seinen Traum,
"Hör auf zu spinnen, komm endlich rein,
hol mir die Zwiebeln! Im Vorratsraum!!!"

Zeitenwende

Neunzehnhundertsechsundachtzig, es war Anfang Mai
stand ich ganz allein vorm Haus im Regen, doch dabei
war im fernen Russland ein Reaktor explodiert,
Winde hatten böse Fracht bis hierhin exportiert.

Joachim hieß er, konnte Zahlen sehen, riechen -
zog mich hinein. Es wäre besser, sich zu verkriechen.
Hab damals viel mit ihm über Rechner diskutiert;
er der Überflieger, ich mäßig qualifiziert.

Mein Wissen beschränkte sich auf Ängste - ganz diffus.
Mich schreckten die Maschinen, mein kleiner Teufelsfuß:
Nicht der Maschinen Aufstand, doch die Oddysseen
diese Technik zu erlernen - damit umzugehen.

Wir haben in der Kneipe viel gelacht, gesoffen;
emsig diskutiert, allezeit ergebnisoffen.
Also tat ich allen kund: Ich kauf so´n Ding erst dann,
wenn ich es befehlen, also mit ihm reden kann.

Er daraufhin: „Das dauert! - Mehr als 30 Jahr,
dann bist Du schon in Rente, hast graumeliertes Haar."
Dieser Satz fiel mir - leider war die Butter ranzig -
beim Essen wieder ein, im Sommer vierundzwanzig;
als ich vor der Ankerklause, ihr wisst es ist wahr,
alle Menschen Kreuzbergs mit Maschinen reden sah.

Ziele

Biggi war total verzweifelt!
Das Fehlen von Ruhe und Sicherheit
machte sich seit vielen Jahren
in ihrer Seele ganz und gar breit.

Sie wusste nicht wohin,
hat überall geforscht, gesucht,
jede Art von Findungskurs
und alle Therapien gebucht.

Klangschalen, Yoga, Töpfern.
War in Indien, Nepal, Katmandu;
fand aber nirgends eine Antwort,
nirgendwo die innere Ruh.

Zerschlug mit einem Vorschlaghammer
nicht sehr weit von Erkelenz,
als Ur- und Wutschrei-Therapie,
eine niederrheinische Kadenz.

Doch im letzten Jahr die Wende:
"back to the roots" und in der Zeit,
Suche nach Gott und nicht nach sich;
mittels des Glaubens aus Kinderzeit.

Meditationswochen in Klöstern.
Mit ihrer Erfahrung und angesichts
dem festen Willen eine Göttin zu finden,
fand sie am Ende das Nichts.

Bahnbrechend die Erkenntnis
und Erlösung aus seelischer Not:
Nach diesem Leben da kommt nichts mehr!
Hiernach kommt nur noch der Tod.

Seit sie sich dessen bewusst war:
Es wird nirgendwo noch was geben!
fiel jede Art von Angst von ihr ab
und große Ruhe trat in ihr Leben.

Zitadellen

Heutige Metropolen sind nicht
länger hipp, cool, bunt und interessant.
Selbst die schillernsten bieten einzig
Variationen von grauem Land.

Die Magnete auf Profit geeicht;
Mauern aus utopischen Mieten,
durch das güldene Schüttelrost lassend,
die, die den Quadratmeterpreis bieten,

welcher oft nach Monatsgehältern misst!
Gewandelt von einst kraftvollen Horten,
der Inspiration, des modernen Lebens -
in Zitadellen, mittelalterlichen Orten.

Das alles um die Großzahl der Geringen
zu vertreiben, vergreinen, auszumisten eben;
daselbst versorgt durch die Tagelöhner,
die prollend vor den Speckgürteln leben.

Das Gemenge vielfältiger Mischpoken,
ersetzt durch die, die sich nach oben sieben:
Egozentriker, Solisten - unbebaumte Alleen.
Eine Armee von Langeweilern und Dieben.

Alle gleich. Alle reich.
Alles eine Suppe, Puppe!

Stößchen!

Zukunftspläne

Wir haben einander gefunden,
uns ist gegenseitige Nähe nicht fern.
Das ist in heutigen Zeiten mehr
als nur gesagt: "Ich habe Dich gern!"

Die orgiastische Party des Kennenlernens
mit wildem Sex ist lang schon vorbei.
Das sanfte Berühren von Haut oder Lippen,
ist für uns schon fast, wie eine Hand voll Arzenei.

Auch wollen wir nicht mehr so schnell
zur Sache kommen, zum Kern vordringen,
nur die Vertrautheit, die ist uns wichtig
und alles was wir miteinander verbringen.

Wir stecken uns nur noch die Ziele,
die man auch realistisch erreichen kann,
moralisch immer genau auf der Höhe,
unter die man grade noch her kriechen kann.

Ich will wandern, will erforschen, will betrachten,
will Pläne mit Dir schmieden, Zukünftiges erblicken.
All das Leben und das Lebenswerte achten
und natürlich - sooft wir wollen - miteinander ficken.

"Schmerzensmensch" Skulptur in Stein von Lulu Wübben-Kühn

schmerzensmensch

wieviel erträgt ein mensch?
wieviel erträgt ein herz?
wieviel erträgt eine seele?
wieviel - erträgst Du?